Bibliographische Information der deutschen Nationalbibliothek:

Die deutsche Nationalbibliothek verzeichnet diese Publikation
in der deutschen Nationalbibliographie;
detaillierte bibliographische Daten sind im Internet unter
http:// dnb.dnb.de abrufbar.
Orig.: © 1910 Georg Müller Verlag / Wedekind, F.
© 2018 Niklas Discher (Hrsg.)

Herstellung und Verlag:
BoD- Books on Demand, Norderstedt

ISBN: 9783744850520

Frank Wedekind

Mit allen Hunden gehetzt

Schauspiel in einem Aufzug

(vergessene Klassiker neu entdecken)

Hrsg. von Niklas Discher

Neu bearbeitet und übertragen von Niklas Discher auf der Grundlage der Originalausgabe *Mit allen Hunden gehetzt* von Frank Wedekind, erschienen 1910 im Georg Müller Verlag München.

Die Orthographie wurde vorsichtig den heutigen Gepflogenheiten angepasst. Offensichtliche Druckfehler wurden stillschweigend korrigiert. Einige wenige, dem Gesamtverständis des Textes dienende Begriffe, wurden behutsam modernisiert, wobei in keiner Weise die stilistischen Eigenheiten des Textes verändert wurden.

Inhalt

I.   Primärtext

II.   Material
- Worterklärungen
- Übersetzungen
- Editorische Notiz
- Vita
- Schriften
- Forschungsliteratur
- Service

Dramatis personae

Meinrad Luckner.

Rüdiger Freiherr von Wetterstein.

Leonore, *seine Frau.*

Effie, *deren Tochter aus erster Ehe.*

Van Zeeter, *Hoteldirektor.*

Duvoisin, *Polizeikommissär.*

Ein Kellner.

Zwei Gendarmen.

Szenerie.

Teuer und geschmackvoll eingerichtetes Zimmer im Hotel Beaurivage, in Ouchy am Genfersee. Im Hintergrund eine offene Balkontüre mit dem Ausblick auf das Wasser. Es ist Abend, die Lampen brennen.

Erster Auftritt.

Luckner (*umhergehend*): Ihr Gatte, Rüdiger, Freiherr von Wetterstein, hat mir im Lauf des verflossenen Jahres Diamanten im Werte von zwei Millionen veruntreut. Gottverfluchtes Orchestrion! (*Er bricht in dröhnendes Lachen aus.*) Seit zwölf Monden freue ich mich wie ein Gorilla auf unseren heutigen Indianertanz!

Leonore (*sitzend*): Vielleicht haben Sie sich doch getäuscht. Wieso, das weiß ich noch nicht. Der Himmel wird mir das heute sicherlich noch enthüllen.

Luckner: Himmel, Teufel, Donnerkeil! (*lacht.*) Strengen Sie doch nachträglich Ihr zartes Gehirn nicht noch an! Alles befindet sich in schönster Ordnung. Heiliges Kanonenfutter, hätte der Pavian die Diamanten noch wenigstens irgendwo in die Erde vergraben! Allen Winkelkrämern beider Hemisphären jagt er die Steine wie faule Bananen in den Rachen.

Leonore: Sie reizen mich wirklich. Aber grade in entgegengesetzter Art, als wie Sie sich das einbilden. Hoffen Sie nur ja nicht, Rüdiger und mich schon als Ihre Schlachtopfer betrachten zu können.

Luckner: Allmächtiger Panamakanal! (*lacht.*) Sagen Sie mir nur um Gottes willen, wie entreiße ich Sie Ihrer schauerlichen Gemütskrankheit! Nehmen Sie sich ein Beispiel an mir! Mich kostet das Vergnügen zwei glatte Millionen. Gewaltiger Brahmaputra! (*lacht.*) Hat Ihnen

Wetterstein nie unser unbezahlbares Lateinschülerlied vorgeträllert?

Ach, die Maid, zu Tod erschrocken,
Konnte nicht mehr aufrecht hocken,
Hielt sich fest an ihrem Stuhl,
Dass sie nicht hinunterful . . .

Dazu sitzen Sie mir Modell! Springen Sie endlich auf Ihre entzückenden Beine und geben Sie mir einen saftigen Zweimillionenkuss!

Leonore: Gott im Himmel sei Dank! Das Untier ist wenigstens schon vollständig betrunken!

Luckner: Ich und betrunken?! (*lacht.*) Herrgott, sind Sie ein Lamm! Betrunken? So unbekannt bin ich Ihnen? Nein, mein himmlisches Opfertier, als Alkoholiker bin ich ganz und gar nicht zu erledigen. Und wenn mein Vater tausendmal die großartigste Aktienbrauerei in der ganzen Rheinpfalz ins Leben gerufen hat! Aber seit frühester Jugend habe ich mit unseren stärksten Brauknechten volle Bierfässer um die Wette gehoben. Alles Muskelfleisch am ganzen Leib wird dadurch zu kugelfesten Panzerplatten. – Das Täubchen scheint meiner Behauptung keinen Glauben beizumessen! Wollen Sie sich überzeugen? Nicht? Gottseliges Henkerbeil! Sie kennen jeden Knochen in Ihrem Götterleib, sobald Sie Ihren süßen Rüdiger aus meinen Tigerkrallen befreit haben.

Leonore: Rüdiger hatte keinen Begriff von dem, was um ihn her vorging. Rüdiger glaubte, in seinem ehemaligen Schulkameraden einen Freund wiedergefunden zu haben. Rüdiger ahnt heute noch nicht im Geringsten, mit welchem Weltungeheuer er es in Ihnen zu tun hat.

Luckner: Eiwei, eiwei! Gleich, als wir das erstmals zusammen in den Minen waren, ich und Sie und er, da roch ich dem Burschen schon an, welch ein sauberer Geist in ihm haust. Damals in Afrika, Sie erinnern sich noch, da hätte ich dem Burschen schon Ihre gesamten Aktien durch ein Augenzwinkern abdrangsalieren können. Sie beide wären splitternackend miteinander in den Kaktuspflanzen sitzen geblieben! Aber Sie standen an seiner Seite, Sie staunten an ihm empor wie eine Schildkröte an einer Telegraphenstange. Da sagte ich mir: Solche Prachtexemplare von Weibern fängt man nur durch die Männer, die von ihnen geliebt werden. Und er? Allgewaltiges Kanonenrohr! Über Ihr Haar hinweg glotzte er mich an wie ein vollgefressener Kapitalist, der einen Zeitungsjungen wegschickt. Himmel! Himmel! Himmel! Da sagte ich mir: Nein, Rüdiger von Wetterstein, so klanglos scheiden wir beide nicht voneinander. Diese Frau, sagte ich mir, die wird alle hundert Jahre nur einmal geboren. Wer die Frau nicht nimmt, wo er sie findet, und sei es um zwei Millionen, der war, hol mich der Henker, nicht wert, dass er das Licht der Welt als der Sohn des größten Aktienbrauereibesitzers der Rheinpfalz erblickte.

Leonore: Wollen Sie denn nicht vielleicht einen Augenblick vernünftig mit sich sprechen lassen?

Luckner (*lachend*): Nur zu, mein süßer Leckerbissen! Nur zu! Breiten Sie zwanglos Ihre geistigen Reize vor mir aus! Ein schmackhaftes Vorgericht! Ich bin nämlich ein Mensch, wissen Sie . . . ich bin tatsächlich ein eigentümlicher Mensch! Ohne Scherz! Ein außergewöhnlicher Mensch, sage ich Ihnen! Sie würden es nie für möglich halten! Ein halbes Glas Weißwein täglich, und ich Hünenkerl sitze nach vierzehn Tagen im Irrenhaus. Eiwei, eiwei! Aber sonst?! Oh, ihr getünchten Kanadier! Seit frühester Kindheit stehe ich mir selbst wie einem hellen Naturwunder gegenüber. Fassen Sie unter anderem bitte nur einmal meinen Kopf an.

Posemuckel und Sumatra! Haben Sie in Ihrem Leben auf irgendeinem Menschenleib schon solch eine Rübe wachsen sehen?

Leonore: Wenn Rüdiger, wie es sein gutes Recht ist, Mitbesitzer unserer Minen in Jagersfontein bleibt, dann kann er Ihnen im Lauf der nächsten fünf Jahre sämtliche Steine bis auf den winzigsten Diamanten zurückerstatten.

Luckner (*bricht in dröhnendes Lachen aus*): Ei du paradiesisches Elysium! Dass Sie Venus in die Pfütze treten! Eiwei, eiwei! Genau wie mit meinem Kopf, sehen Sie! Das ist nämlich meine schwächste Stelle. Eine weltbekannte historische Tatsache, von sämtlichen Boxern und Ringkämpfern des Erdballes gewürdigt. Matrosen, Schlächtergehilfen, denen Polizei und Vorsehung so Wurst sind, wie unsereinem eine Gemäldegalerie, wenn wir miteinander ringen, die kommen meinem Kopf nicht mit dem kleinsten Finger nahe. Hier oben, sehen Sie, wo meine Locken am krausesten sind, da kann man mich mit einer Fliegenklatsche zur Leiche machen, aber sonst, gottbegnadete Hagelkanone, was meinen Mitschülern Bierseidel waren, das waren für mich, soweit meine Erinnerung reicht, die Weiber. Jedem Weib lese ich auf den ersten Blick vom Gesicht herunter, wie es sich in den seligsten Augenblicken seines Daseins gebärdet. Zweifeln Gnädigste? (*Leonore ängstlich starrend.*) Bei unserer Diamantenwäscherei, ich erkenne bei jeder Frau auf den ersten Blick, ob sie sich flink oder unbeholfen, heiß oder kaltblütig, vergnügt oder tragisch benimmt. Ob sich ihr Gesicht in die Breite oder in die Länge zieht. Jeder Frau spreche ich bei der ersten Begegnung die Worte vor, die sie bei solcher Feierlichkeit im Mund führt. Solch einen Weiberkenner finden Sie in allen fünf Weltteilen nicht.

Leonore: Um so besser! Dann kann es Ihnen ja auch unmöglich an Gelegenheiten zur Befriedigung Ihrer Begierden fehlen.

Luckner: Oh du grundgütiger Gott, sind Sie liebenswürdig! (*lacht.*) Himmlische Sphärenmusik! Ich bin eine Nummer, wissen Sie, an mir finden ein halbes Dutzend zu gleicher Zeit ihre helle Freude. Als Einjähriger beim sechsten Ulanenregiment in Altstetten, da haben wir Wetten ausgefochten, – höllisches Kettengerassel! drei Meilen reiten an einem Vormittag, dazu drei Flaschen Sekt leeren und zwischendurch drei Weiber glücklich machen! Glauben Sie, dass ich die Wette einmal verlor? Meinen Zigarrenaufwand verdiente ich damit. Sie denken natürlich an die appetitlichsten Ladenmädchen? Sie Unschuld! Die Preisrichter taten sich was darauf zugute, die unübersteigbarsten Hindernisse zu requirieren! Kinderspiel! Eine skandinavische Baronin in Paris hatte sich selbst als Preis dafür ausgesetzt, wenn sie in einem eiskalten Bade einen Erben bekomme. Von mir hat sie den Erben bekommen, so wahr ich Luckner heiße. Mitten zwischen Eisschollen, bei 15 Grad unter Null.

Leonore (*zitternd vor Wut, während ihr die Tränen über die Wangen rollen*): Schlagen Sie mich lieber gleich tot, als dass Sie mich noch länger mit Ihren unflätigen Erzählungen foltern!

Luckner: Aber Sie erst! Himmel, Pestilenz und Weltuntergang! Ihre unermesslichen smaragdgrünen Tigeraugen! Jetzt lassen Sie sie nur aus Bosheit nicht leuchten. Ihre Augen habe ich überhaupt noch an keinem zweibeinigen Geschöpf gefunden. Und dann Ihre Haare! Heiliger Höllenhund! Wie einem da gleich der Herzbengel kracht! Ich hatte krebsrote Weiber, ziegelrote Weiber, schamrote Weiber, feuerrote Weiber, durchweg erstklassiges Material. Wenn aber der leuchtende Zinnober um Ihr Gesicht auch um Ihren Marmorleib wogt – oh du gottseliger Bimbam, lass mich vorher nur nicht noch irrsinnig werden! Im Traume sah ich Sie als glühende Kanonenkugel auftauchen. Zischend und fauchend schlugen Sie mir in den Leib, dass ich nach allen Himmelsrichtungen auseinanderspritzte. Und Ihre Hand! Ihre Hand! Höllischer Schwefelpfuhl, Ihre Hand! Ich habe Hände probiert! Aber Sie, Sie biegen den Nagel Ihres Mittelfingers auf die Handwurzel zurück. Das kann keine Kreolin, nicht einmal die Japanerin kann das! – Aber dann erst Ihr Gang, blutrünstiges Gewitter! Der kleinste Schritt, den Sie tun, verkündet die übernatürliche Gewalt Ihrer Liebe. Deshalb, meine Gnädigste, war ich von Jugend auf ein so zuverlässiger Pferdekenner. Ich musterte das Pferd genau mit den Augen, mit denen ich mir meine Geliebte wähle. Der verborgenste Fehler starrt mich in millionenfacher Vergrößerung an. Überhaupt die Millionen! Wären ich und Wetterstein nicht auf Diamantenwäscherei gegangen, ich hätte ebenso viele Millionen als amerikanischer Luxuspferdehändler verdient.

Leonore (*immer noch im Sessel, die Hände ringend*): Heiliger Gott im Himmel, heiliger Gott, zeig mir, wie ich diesem scheußlichen Ungeheuer meinen grauenvollen Abscheu zum Bewusstsein bringe!

Luckner (*mit mildem Lachen*): Ei du geknickte Lilie! Himmlisches Lamm Gottes! Glauben Sie Grasaffe, ich erwarte Liebe von Ihnen?! Gebenedeite Gebirgsartillerie! Jetzt sind Sie erst in der leibhaftigen Zweimillionenstimmung. Ihre Liebe sparen Sie nur bitte ruhig für Ihren Zuckerjungen. Je unausstehlicher ich Ihnen bin, desto göttlicher ist meine Freude an Ihnen. Ihre Tigeraugen durchbohren das Weltall?! Warum denn das? Warum denn das? Allmächtiges Schlaraffenland! Ich meine es verteufelt ernst. Nichts Fürchterlicheres für mich, als wenn ich einem Weib persönlich sympathisch bin. Was gehen denn das Weib meine Privatangelegenheiten an.

Leonore: Jedenfalls jage ich mir vorher eine Kugel durch den Kopf.

Luckner: Dann tun Sie's gleich! Ihr Mann, dieses dreißigkarätige Rhinozeros, hat es dringend nötig, endlich einmal in energische Hände zu kommen. Fünf Jahre Weltabgeschiedenheit sind für den eine Wiedergeburt. Sobald er auf Numero Sicher sitzt, beginnt seine neue Glanzzeit. In sechs Monaten ist er erster Sekretär und rechte Hand des Direktors.

Leonore: Gewaltiger Gott! Was haben denn Sie davon?!

Luckner: Verschlucken Sie Ihre Krokodilstränen, dann rechne ich Ihnen mathematisch vor, was wir beide davon haben. Als Preis für Ihre Keuschheit gewinnen Sie an Freizügigkeit, an Bewegungsfreiheit genau so viel, wie der Simili-Napoleon dabei einbrockt. Und dann das Wiedersehen, wenn Sie ihn in fünf Jahren aus den Händen seiner Wohltäter wieder in Empfang nehmen. Er, jungfräulich wie ein Maiglöckchen. Sie mit dem Reichtum an schönen Erfahrungen, den Sie derweil gesammelt haben. Heidenmäßige Vorsehung, der Lebensabend! Sie, mit innigem Behagen blicken auf die sonnigste Zeit Ihres Daseins zurück! Er hat Tag und Nacht keine andere Sehnsucht als das Versäumte möglichst ausgiebig nachzuholen. . . (*Aufhorchend.*) Gottseliges Weltparlament, das sind seine Schritte!

Zweiter Auftritt

Rüdiger von Wetterstein tritt rasch ein.

Rüdiger (*als er Luckner erblickt*): Was tun Sie hier?!

Luckner: Wir zünden uns eine Zigarette an, wenn Sie nichts dagegen haben. (*Er tut es.*)

Rüdiger: Wollen Sie machen, dass Sie hier hinaus kommen! (*Er fährt ihm an die Gurgel und will ihn zur Tür hinauswerfen. Sie raufen.*)

Luckner: (schleudert *Rüdiger in einen Klubsessel und zündet sich eine andere Zigarette an*). Wenn Sie Diamantenwaschweib wenigstens solche Beine hätten, wie wir Arme haben! Himmel, Tod und Schiedsgericht! (*lacht.*) Sie hatten den heidenmäßigen Koller, die Dynastie Wetterstein zu etablieren. [*Leonore erhebt sich zögernd, umblickend*] Hamurabi, Caesar, Bonaparte, Wetterstein! Gottbegnadeter Kladderadatsch! Wir begnügten uns zeitlebens mit dem splitternackten Geld. Morgen für Morgen beim Frühstück rechneten wir uns vor, was Zepter, Bücher, und Gefühle für altmodischer Trödelkram sind. Und Sie Nonpareil-Esel, Sie Rindvieh vom ersten Wasser, Sie wollten der fünfte Mensch des Erdballs sein: Rockefeller, Morgan, Krupp, Carnegie und Wetterstein! (*lacht.*)

Leonore (*die während des Kampfes aufgesprungen ist*): Ich befehle Ihnen, lassen Sie mich mit meinem Mann allein!

Luckner: Nicht um Chicago! Und wenn es Jauche regnet! Im Namen von zwei Millionen stehen wir hier. Wir trieben zeitlebens nur einen Sport: Weiber. Sonst ist jede Ader im Leib Geschäftsmann! Ihnen waren die Weiber Handwerkszeug! Ihr Sport heißt Verbrechen! All

Ihre Verbrechen begingen Sie nur für die Affenfreude, Verbrechen zu begeben. Ei du gottsträfliches Familienglück! Sie sollen Ihre Freude haben! Das Weib gehört uns.

Rüdiger (im Klubsessel): Es ist mir unmöglich, über irgendeinen Gedanken nachzudenken. Lassen Sie mir bis morgen Zeit.

Luckner: Und wenn es Tiger und Elefanten hagelt, wir warten zwei Jahre lang! – In einer halben Stunde sind wir Quitt. Wissen Sie, wie es die zwei Jahre in unseren Eingeweiden aussah? Flohwinkel und Ninive! Die Französische Revolution ist ein Veilchenstrauß dagegen. Als Sie uns eine Million gestohlen hatten, wären wir beinahe schon losgeplatzt. Wir sagten uns aber: Luckner, Luckner, Sie unterschätzen das Götterweib! (Zu Leonore.) Wenn Sie wüssten, Gnädigste, was die Weiber schon gegen uns gebockt haben? Allbarmherziges Mordgewehr! Aber das hat der liebe Gott ja so unsagbar göttlich eingerichtet: Sträubt sich das Weib, dann wächst beim Mann die Kraft ins Übermenschliche. Je verzweifelter der Widerstand, um so kunstgerechter räumt ihn der Mann aus dem Weg. Sträubt sich aber der Mann, – ja du grundgütiges Gewitter! Eiwei, eiwei! – Das muskulöseste Bombenweib kann sich mit seiner Liebe begraben lassen.

Leonore (tritt Luckner fest entschlossen dicht unter die Augen): Fürchten Sie denn nicht, dass ich Sie mit diesen beiden Händen erdrossle?

Luckner: Nicht im Geringsten! In Hamburg, da hatten wir einer jung verheirateten Kaufmannsfrau, Mutter von zwei Kindern, ein Halsband umgelegt. Wir hatten uns ihrem Manne als das ungeheuerlichste Rindvieh zu erkennen gegeben, das sich noch halbwegs in Menschengestalt ausdenken lässt. Darauf hatte der Mann, nebenbei gesagt, einem stinkfeinen Kerl, folgerichtig unsere Unterschrift nachgezeichnet. Wir ziehen also zu und das entzückende Geschöpf schreit: Ich springe in die Alster! Ich springe in die Alster! – Bitte recht sehr, meine Gnädigste, springen Sie! Das verursacht noch lang keine Überschwemmung! Dann kamen die unvermeidlichen Förmlichkeiten: Wenn nur um Gottes Barmherzigkeit mein Mann nichts davon erfährt! In seinem Zorn würde er uns beide besinnungslos töten. – Gottgesalbter Janhagel, mein Schatz, wir schicken ihm doch nicht gleich eine Ansichtspostkarte. – Aber wenn er nur die allerleiseste Ahnung davon bekommt! – Ewig gewaltiger Honigmond, der kann noch hundert Jahre leben, er träumt sich im tiefsten Schlaf nichts Böses von dir! – Als wir uns dann beide den Mund wischten, da fragten wir so scherzhaft: Nun, war's nicht ganz vernünftig, dass du nicht hineingesprungen bist?! – Grundgütiger Kartätschenhagel! Das Weib flog mir wie eine abgefeuerte Granate an den Hals. Zehn Minuten lang klappten wir unter ihren Küssen wie ein Blitzableiter hin und her. Eiwei, eiwei! Sie hätte ihre Opferfreudigkeit gerne noch ein halbes Jährchen betätigt, wir hatten aber einträglichere Geschäfte in Berlin zu erledigen. *(Zu Leonore.)* Wir erwarten Sie in unserem Salon. Wir bleiben bis zehn Uhr im Hotel. *(Ab.)*

Dritter Auftritt.

Rüdiger (*sich erhebend*): Ich lasse dich allein, Leonore. Luckner hat die Polizei benachrichtigt. Ich will nicht, dass mich mein Geschick hier in deiner Gegenwart erreicht.

Leonore: Dann gehe ich mit dir.

Rüdiger: Dann hat mein Fortgehen keinen Sinn. Dann ist es für uns beide ebenso gut, wir bleiben hier.

Leonore: Willst du deinem Leben ein Ende machen?

Rüdiger: Nein. – Ich wollte wohl. Ich weiß aber genau, dass ich keine Kraft habe.

Leonore: Ist es nicht das einzig richtige, wir schaffen uns beide aus der Welt?

Rüdiger: Warum? – Wenn ich nicht mehr da bin, dann kann dir kein Mensch etwas anhaben.

Leonore: Wenn du nicht mehr da bist? – Was habe ich dann davon, dass mir niemand etwas anhaben kann?

Rüdiger: Du warst glücklich, ehe du mich kanntest. Das Glück findest du wieder.

Leonore: Das sind Worte, an die du selbst nicht glauben kannst. Was Glück heißt, weiß ich erst, seit wir uns kennen.

Rüdiger: Schlimm genug für dich. Ich lebe mit mir selbst in Unfrieden. In meiner Eltern Haus war ich ein unglückliches Kind, in meiner ersten Ehe ein unglücklicher Mann. Dich machte ich namenlos unglücklich, als ich dein Glück zerstörte. Und seit wir zusammenleben, fühle ich mich nicht um ein Haar glücklicher als vorher.

Leonore (*vor Schmerz aufschreiend*): Oh! Oh! Das jetzt zu hören!

Rüdiger: Verzeih, verzeih. – Ich bin eben von Geburt kein einheitlicher Mensch. Seit meiner Kindheit kämpfen zwei feindliche Rassen einen mörderischen Vernichtungskampf in mir.

Leonore: Du siehst dein ganzes Leben jetzt ebenso düster an, wie du in glücklichen Zeiten immer gleich alles im leuchtendsten Sonnenlicht erblicktest.

Rüdiger: Wenn nur wenigstens wir zwei nicht aneinander gekettet wären!

Leonore: Wodurch sind wir denn aneinander gekettet?! Wodurch denn?!

Rüdiger: Wodurch?! Wodurch?! Ja! Ja! Ja. Das frage ich mich auch immer!

Leonore (*nach einer Pause, leidend*). Ich glaube, Rüdiger, ich weiß, wodurch wir beide aneinander geschmiedet sind.

Rüdiger: Durch die Verbrechen, die wir zusammen begingen: Dadurch, dass ich deinen Mann mit meiner Frau zusammenhetzte, dass ich daraus die Berechtigung entnahm, meiner Frau den Laufpass zu geben, dass ich uns dann von deinem Mann durch ein betrügerisches Duell befreite, dass wir beide uns später heirateten, und dass wir uns dann ein Leben schaffen wollten, dessen Herrlichkeit die ungeheuren Opfer rechtfertigen sollte, mit denen es erkauft war.

Leonore: Das ist kränkliche Gefühlsverweichlichung, nichtiger Aberglaube. Das sind Schreckbilder, von denen du gar nichts wüsstest, wenn wir im Glück lebten.

Rüdiger (*stöhnend*): Dann nenn mir doch die fürchterliche Fessel, die uns nicht voneinander loskommen lässt!

Leonore: Das ist verteufelt einfach. Immer wenn du unsere Trennung wolltest, dann tat ich alles, was in meiner Macht stand, um sie zu verhindern. Und wenn ich unsere Trennung wollte, dann tatest du alles, was du konntest, damit wir beieinander blieben.

Rüdiger: Aber warum denn?! Sag mir, warum taten wir das?! Warum waren wir immer so unvernünftig?!

Leonore: Das weiß ich so wenig wie du. Eins weiß ich aber: Jetzt hilft es nichts, dies Rätsel zu erforschen.

Rüdiger: Leider! Leider sagten wir uns dass jedes Mal, so oft das Unglück unsere Vernunft lahmlegte.

Leonore: Leider sagst du? Ich sage: Gott sei Dank! – – Du antwortest nicht? – Du kämpfst mit dir?! Rüdiger – Wir haben nicht mehr viel Zeit. Wollen wir nicht rasch ein Ende machen?

Rüdiger: Leicht gesagt!

Leonore (*schnell*): Es ist rasch geschehen!

Rüdiger: Hier, bitte. (*Er legt einen Revolver auf den Tisch.*) Nun weiter!

Leonore: Weißt du nicht weiter? (*Nach der Waffe langend.*) Ich weiß es!

Rüdiger (*fällt ihr in den Arm und hält ihre Hand zurück):* Leonore! Um Gottes willen!

Leonore: Wir stellten beide zu hohe Ansprüche an die Welt, wenn uns jetzt der nötige Mut fehlt!

Rüdiger (*krampfhaft*): Ich liebe dich!

Leonore: Zum ersten Male höre ich das verdächtige Wort von dir.

Rüdiger: Wie denkst du dir denn das, wenn wir uns beiden ein Ende machen?

Leonore: Denken kann ich das nicht. Es ist vorbei. – Vom ersten Tag unserer Verheiratung an gehörten wir nicht mehr zur guten Gesellschaft.

Rüdiger: Das war ein unverhoffter Schlag für uns. Die gute Gesellschaft ist die Gesellschaft, in der man gute Geschäfte macht.

Leonore: Du setztest deine ganze Persönlichkeit daran, der großen Welt anzugehören.

Rüdiger: Der Vorwurf kommt spät!

Leonore (*flehentlich*): Kein Vorwurf! Nein, Rüdiger! Wie käme ich dazu!

Rüdiger: Die große Welt ist die Welt, in der man die großen Geschäfte macht.

Leonore: Unser nacktes Leben wird bis jetzt noch von niemandem bedroht.

Rüdiger: Nur von uns selbst.

Leonore: Aber warum denn auch?!

Rüdiger: Warum? Ist dir das nicht klar? – Weil unsere Menschenwürde bedroht wird!

Leonore: Menschenwürde! Unsinn! Ist es vielleicht eines Menschen würdig, fünf Jahre seines Lebens unter Henkersknechtschaft zu verbringen?

Rüdiger: Unter Henkersknechtschaft? Mir bürdest du also die ganze Verantwortung auf?!

Leonore: Wie kommst du auf den heillosen Argwohn? Hattest du denn je ein Geheimnis vor mir?

Rüdiger: Du wusstest immer genau so gut wie ich, was ich tat. – – Jesus Christus erfand seinerzeit die geeignete Weltanschauung für das Heer von Ausgestoßenen, das heutzutage entweder im Zuchthaus oder im Irrenhaus sitzt.

Leonore: Und was sagte er von uns Frauen?

Rüdiger (*aufschreiend*): Leonore! – Wie kommt die Frage auf deine Lippen? – (*Ruhiger.*) Tu was du willst! dann tu ich, was ich will! – Menschenwürde ist keine Affenjacke. Menschenwürde ist Atem, Nahrung, Licht. Menschenwürde erwächst aus der Ehe der Eltern und begründet die Ehen der Kinder.

Leonore (*langt nach dem Revolver*): Hier ist unsere Menschenwürde!

Rüdiger: Du willst mich töten? (*Sich aufrichtend und ihr ins Auge sehend.*) Versuch's, wenn du kannst!

Leonore: Wenn du nicht willst . . .

Rüdiger: Bitte! Nur rasch!

Leonore (*zieht die Hand zurück*): Woher soll ich denn dann die Kraft dazu nehmen!

Rüdiger: Natürlich bin ich wieder schuld!

Leonore (*fliegt ihm an die Brust*): Nein, nein! Ich bin schuld! Ich bin schuld!

Rüdiger: Deshalb hat auch das Christentum die Welt erobert. Kein Mensch ist sicher, ob er nicht noch einmal im Zuchthaus oder im Irrenhaus sitzt.

Leonore: Und wer sich schuldlos fühlt, der werfe den ersten Stein auf sie.

Rüdiger (*vor Schmerz aufschreiend*): Schweig, sage ich! Schweig! Bist du irrsinnig geworden?!

Leonore: Ein grauenvoller Schmerz! Gewiss! Ein grauenvolles Verhängnis! Das weiß Gott im Himmel! – Aber warum soll ich die Höllenqual denn auch allein tragen!

Rüdiger (*in wildem Entsetzen*): Leonore? Ist es denn möglich? Wärst du dessen fähig?

Leonore: Dessen? Ich bin zum Äußersten bereit! Ich töte mich hier sofort, wenn es dir etwas hilft!

Rüdiger: Dich töten! Ja! Gewiss! – Aber . . . Nein! Der Gedanke allein schon, dass du auch nur daran denkst . . .

Leonore: Du meinst tatsächlich, sich erschießen sei leichter?

Rüdiger: Leichter oder nicht! Es hilft zu nichts!

Leonore: Ich tue, was du befiehlst.

Rüdiger: Wenn ich dir sagen muss, was du mir schuldig bist, dann habe ich längst keinen Grund mehr, es dir zu sagen.

Leonore (*ihn strikt anstarrend*): Darauf fehlt mir die Antwort! – Es ist ungeheuerlich, wie wenig wir Menschen über unser Leben wissen, über das wir fortwährend in Entzücken oder in Entsetzen geraten! Es gab Märtyrerinnen, die heiliggesprochen wurden, weil sie ihres Glaubens wegen in Freudenhäusern starben. Wir haben die schaurige Wahl zwischen einer Trennung von fünf Minuten und einer Trennung, die fünf Jahre währt! – Wer kann da einen Augenblick im Zweifel sein!

Rüdiger: Ich habe der Frau, die ihren eigenen Weg geht, nichts zu erlauben, nichts zu befehlen, und nichts zu verbieten. Gott sei gepriesen! Dann bin ich frei!

Leonore (*fällt ihm um den Hals*): Rüdiger! Ich habe das Herz, mit geschlossenen Augen in den Höllenschlund zu springen! Und du verfluchst mich, als trachte ich dir nach dem Leben!

Rüdiger (*stößt sie von sich*): Lass mich frei! Die Eintracht unseres Fleisches, barmherziger Gott, ist die zerstört, dann bist du mir entsetzlicher, als wie du jemals meine Freude warst!

Leonore (*verständnislos*): Mir flimmert es vor den Augen, was hat mein Fleisch damit zu tun! Mein Fleisch? Ich glaube gar, du denkst. . .

Rüdiger: Selbstverständlich denke ich!

Leonore: Ich denke an mich!

Rüdiger: Du sehnst dich schon nach ihm! Du kannst es schon gar nicht mehr erwarten!

Leonore (*schreiend*): Barmherziger Himmel!

Rüdiger: Der Himmel bleibt deshalb genau so, wie er war. In deinem Gehirn brauchst du noch gar nichts davon zu ahnen. Das Fleisch ist nun einmal so vorwitzig. Als Beschimpfung empfindet es auch das keuscheste Weib nicht, mit zwei Millionen erkauft zu werden. Und wenn er zehnmal ein Halbtier ist, und wenn dir jedes seiner Worte die Glieder wundschlägt, körperlich habe ich sicherlich nichts vor ihm voraus!

Leonore (*ruhig*): In dem Augenblick, da man dich verhaftet, erschieße ich mich.

Rüdiger: Das tue ich auch, wenn es so weit kommen sollte. Dessen bin ich absolut sicher. – – [*Pause*] Ich kann mir denken, dass uns ein Erdbeben verschlingt, dass ich geisteskrank oder an allen Gliedern gelähmt werde. Aber du, Leonore, mit einem Anderen? Dir scheint das möglich? – Selbstverständlich! Warum denn nicht! Dann gibst du deinen Körper eben auch anders! Dann bist du selbst eine Andere! Dann erwachen Anlagen, dann erwachen Triebe in dir, die weit außerhalb meiner Erfahrung lagen!

Leonore: So wahr ich dein Weib bin, ich empfinde nichts!

Rüdiger: Wie kannst du das im Voraus beschwören! Bist du Herrin über dein Empfinden? – Du gibst dich hin. Was du dabei empfindest, das ist sein Geschäft. Wirst du dir dann die Lippen blutig beißen und stöhnen: Ich empfinde nichts?

Leonore: Natürlich werde ich das! Zweifelst du daran?

Rüdiger: Auch wenn er dich beglückt?

Leonore: Die Ungeheuerlichkeit hat in meinem Gehirn nicht Platz.

Rüdiger (*vor Erregung keuchend*): Leonore! Unsere Körper lernten, im gleichen Rhythmus zu empfinden! Aus dem ersten Einbruch in die Gleichheit erwächst Hass, Todfeindschaft! Erkauft man damit Zusammengehörigkeit? Was du tust, Leonore, ist gleichgültig. Mir zersprengt es den Kopf, dass es dir ausführbar scheint! Dass du das für mich könntest, dem du dich selber damit zum Abscheu machst! Liegt mein Haupt auf dem Block, Leonore, und du kannst mich damit retten, du musst fühlen: Lieber das Leben opfern als das Glück.

Leonore: Das sind Worte. Was ist denn das Glück ohne Leben?

Vierter Auftritt.

Effie (*rasch eintretend, sehr munter*): Aber Mutter, Mutter, worüber erregst du dich denn so? Ich höre den Lärm bis in mein Zimmer hinauf. Ist dieser energische Auslandsmann immer noch nicht zufrieden? Nun? Warum denn Trübsal blasen? Sei lustig, Mutter! Schade um jede Minute, die wir Trübsal blasen! Eigentlich hast du doch immer geahnt, du könntest noch einmal in seine Teufelskrallen geraten.

Rüdiger: In dem Augenblick, da man sich durch etwas anderes, als durch seinen freien Willen gebunden glaubt, tritt die ganze fluchwürdige Entsetzlichkeit der Ehe zutage.

Leonore (*zu Effie*): Ist denn von deinem Mann keine Hilfe zu erwarten?

Effie: Geld meinst du? – Nein, liebste Mutter. Mein Mann hat nur noch Schulden. Die 200 000 Francs, die ich letzten Mittwoch in Monte Carlo verspielte, rührten schon zum größten Teil nicht mehr von ihm her. Bei meiner Abreise trug er sich mit dem Plan, eine australische Eisenbahn-Gesellschaft zu gründen. Er glaubte jedenfalls, in Australien gäbe es noch keine Eisenbahnen.

Leonore: Wovon willst du denn leben?

Effie: Von mir, liebste Mutter! An meinen Gewohnheiten ändert das nicht das Geringste. Im ersten halben Jahre wären wir vor Langeweile schon beide ins Wasser gesprungen, wenn ich durch meine Abenteuer nicht immer für interessanten Unterhaltungsstoff gesorgt hätte. Oder glaubst du vielleicht, dass es mir an Naturveranlagung fehlt? – Heute bin ich in unseren

Kreisen schon einer der gefeiertsten Namen zwischen Petersburg und San Franzisco.

Rüdiger: Was hindert uns denn eigentlich daran, in Frieden zu leben und alle Niederträchtigkeiten zu verachten?

Leonore: Menschenwürde hindert uns daran! Angeborene Menschenwürde! Die nackte Würde, die dem ärmsten Kind aus dem treuen Zusammenhalten seiner Eltern zum Erbteil wird! Die Würde, auf die der ärmste Mensch sein Lebensglück baut! Habe ich dir drei Jahre jedes Opfer gebracht, um durch das entsetzlichste Opfer, das ich dir bringen kann, all mein schwererkämpftes Eigentum an dir zu verlieren?

Rüdiger: Frauen sind wetterwendisch.

Effie: Wetterwendisch müssen wir sein, sonst finden wir überhaupt keinen Mann.

Rüdiger (*zu Leonore*): Vor fünf Minuten standest du ebenso entschlossen auf dem entgegengesetzten Standpunkt.

Leonore: Und du? Standest du vor fünf Minuten nicht auch ebenso entschlossen auf dem entgegengesetzten Standpunkt?

Rüdiger: Ich habe meine Mutlosigkeit überwunden. Ich habe meine Fassung wiedergewonnen.

Leonore: Warum waren wir denn dann vor fünf Minuten nicht einig? Warum sind wir jetzt nicht einig? Soll ich es aussprechen? Warum auch nicht?! – Ich kenne mein Kind und ich kenne dich. Wenn zwischen dir und meinem Kinde bis heute eine undurchdringliche Mauer aufgerichtet war, dann weiß ich, welch übermenschlichen Kraftaufwand mich das drei Jahre lang gekostet hat.

Rüdiger: Du weißt vor Erregung nicht mehr was du sagst, Leonore! Wie verfällst du ohne den geringsten Anlass plötzlich auf diesen himmelschreienden Argwohn?

Effie: Liebste Mutter, wenn ich mich doch nur statt deiner opfern könnte! Wenn ich mit dem eifersüchtigsten Mann verheiratet wäre, ich wollte meinem Manne aus solch einer Falle helfen, ohne meine eheliche Treue auch nur im Geringsten dabei zu verletzen.

Leonore: Wie meinst du das?

Effie: Zu jedem Ehebruch gehören doch immer zwei. Wenigstens nach meiner Erfahrung. Ich bin natürlich da. Ich bin sogar Feuer und Flamme. Ich bin begeistert. Ich bin (unter Wonneschauern) verliebt. Ich bin das alles aber in einer so übertriebenen, unechten, unnatürlichen Art, dass dem anderen jede Lust vergeht, dass ihm die Haare zu Berge stehen, dass er vor Abscheu gar nicht weiß, wohin sehen. Dann behaupte ich aber: Ich will das Leben meines Mannes retten! Ich versuche, ihm Gewalt anzutun. Damit ist der andere vollständig erledigt. Er dankt dem Himmel, wenn die Begegnung ein Ende hat. Er hat keinen heißeren Wunsch, als dass nie eine Menschenseele etwas davon erfährt.

Leonore: Welcher Mann in der Welt ist so dumm, dass er den Betrug nicht merkt?!

Effie: Das kommt einzig und allein auf die Frau an. Wenn sie den Verführer heimlich gern hat, dann merkt er natürlich den Betrug. Liebt die Frau aber einen

Anderen, dann kann sie sich so glänzend verstellen, dass der abgebrühteste Schürzenjäger an all seiner Menschenkenntnis irre wird. – Wozu sind wir denn die unumschränkten Herrinnen unserer Gunst?!

Leonore: Mir graut es!

Effie: Aber Mutter, warum bist du denn nicht stolz darauf, begehrt zu sein? Ich kann dem energischen Auslandsmann seine Verliebtheit gar nicht verdenken. Ich begreife seine Verliebtheit. Alle Teufel! Ich finde seine Verschwendung bewundernswert. Und außerdem hast du auch noch einen Mann, der um deine Treue besorgt ist. Ich kenne solche Männer nur aus Romanen. Mein Mann ist so wahnsinnig in mich vernarrt: Er bedankt sich noch bei meinen Freunden dafür, dass sie sich meiner erbarmen. Dadurch verletzt er unausgesetzt mein Schamgefühl. Er setzt mich fortwährend in den Augen der Welt herab. Das ist auch der Grund, weshalb ich mich scheiden lasse. Ich will versuchen, ob ich mit meiner Begabung und mit meiner Welterfahrung nicht wie eine unabhängige Fürstin leben kann. Andere tun das. Möglich, dass ich meine Eigenschaften überschätze. Aber ich kenne so unzählig viele Frauen, die wie Fürstinnen leben, nur weil sie ebenso wie ich den Affen machen können. Ich habe unter all den Frauen aber noch keine gefunden, die eine wirkliche Fürstin vorstellen kann. Ich kann ebenso gut eine Fürstin spielen wie ich über Tische und Stühle springen und den Affen machen kann.

Leonore: Kind, mein Kind, an welchen Abgründen sind wir angelangt?

Rüdiger: Ist unsere Lage, ruhig beurteilt, denn wirklich so entsetzlich?! – (*Zu Leonore.*) Ich habe die 400 000 Mark, die du als Braut von deinem Vater mitbekommen hattest, im Laufe von drei Jahren um das Vierfache vermehrt. Das Geld ist in Sicherheit. Wenn wir über den heutigen Tag hinwegkommen, dann hat kein Mensch auf Gottes Welt mehr eine Forderung an uns. Dann sind wir frei und schlagen unbekümmerten Sinns die Bahnen ein, die wir uns beide vorgezeichnet hatten. Dann beweise ich den Menschen, dass ich ein Recht hatte, achtlos über ihre Grenzsteine hinwegzuschreiten. Dann trägt die Erde noch in hundert Jahren die Spuren meines Wirkens.

Leonore: Was ich armes Geschöpf dazu tun kann, um dir deine Siegeslaufbahn zu erleichtern, das tu ich. Hab ich sonst ein Recht, zu leben?! Bedrückt und behindert bist du genug durch mich.

Rüdiger: Glaubst du denn vielleicht, dass die großen Vermögen in dieser Welt jemals durch harmlosere Mittel begründet wurden? Jeder Besitz bringt einem als ersten Ertrag gleich den stolzen Vorteil ein, dass man sich nicht mehr darum zu kümmern braucht, woher er stammt.

Effie: Ich halte dieses Leben hier nicht lange mehr aus! Ich komme extra von Monte Carlo nach Ouchy, um meine Eltern einmal wieder zu sehen und ich finde sie in einer Stimmung, dass ich mich in eine Kuhhaut einnähen lassen möchte. Von früh bis spät nichts als Schwierigkeiten. Ich kann hier doch nicht den ganzen Tag einsam auf meinem Zimmer sitzen und Dante lesen! Ich habe mich schon unter den Kellnern umgesehen. Aber diese schwerfälligen Schweizer kennen internationale Umgangsformen noch nicht. Sei vergnügt, Mutter! Du hast eine Heidenangst, deine Ehe könnte zum Teufel gehen. Das ist kindliche Verblendung! Ich kenne in der Welt nichts Unverwüstlicheres als die Ehe. An meine Ehe denke ich dabei noch gar nicht. Meine Ehe ist von einer Zähigkeit, von einer Dehnbarkeit, man könnte die Weltkugel damit umspannen! Aber ich kenne Menschen, die sich fünfundzwanzig Jahre lang täglich gezankt haben, ohne dass sie sich ein einziges Mal untreu wurden! Ich kenne Menschen, die sich fünfundzwanzig Jahre lang täglich untreu wurden, ohne daß sie sich ein einziges Mal dabei gezankt haben! Das glaubt kein Mensch, was so eine richtige Ehe alles aushält! Dabei ist es durchaus gar nicht notwendig, dass beide einander gern haben. Wenn nur einer von beiden den anderen gern hat. Das langt schon reichlich fürs halbe Leben.

Leonore: Vielleicht bin ich der Gewalt der Ereignisse nicht gewachsen. Aber ich erscheine mir durch unsere Lage so zermalmt: ich habe das Gefühl, als setze mir jemand seinen Fuß auf den Kopf, um meinen Mund in den Straßenkot zu stoßen. Friss Unrat! Denselben Unrat, den du dir zeitlebens so hochmütig von den Fingerspitzen gehalten hast! Den friss jetzt!

Effie: Das nennt man Hypochondrie, liebe Mutter. Nichts als geistige Schwerfälligkeit. Du leidest an Zwangsvorstellungen. Der Unrat, vor dem dir graut, den gibt es in Wirklichkeit gar nicht. Wirklicher Unrat ist ganz etwas anderes. Und dabei kann man immer noch sehr darüber im Zweifel sein, was denn eigentlich Unrat ist. Zum Beispiel kann ein Ziegenhirt, der von oben bis unten von Unrat starrt, der appetitlichste Mensch von der Welt sein. Und ein Kavalier, der sich sauber hält wie ein Flusskiesel, kann trotz der peinlichsten Sauberkeit höchst unappetitlich sein.

Leonore: Rüdiger! Erinnerst du dich noch daran, wie ich im ersten Vierteljahr unserer Ehe von Hamburg zurückkam? Du erwartetest mich in Hannover auf dem Bahnhof. Kaum waren wir allein, da sagtest du mir, du seist zu dem Zuge eine Stunde zu früh gekommen, seiest auf dem Bahnsteig auf- und abgegangen und habest dir die Frage vorgelegt, was von beiden dir lieber wäre: wenn ich mir in Hamburg von einem Manne unterm Tisch die Fußspitzen hätte berühren lassen, oder, wenn ich auf der Rückfahrt durch einen

Eisenbahnunfall ums Leben gekommen wäre. Du sagtest damals mit aller Entschiedenheit, dass dir das letzte lieber gewesen wäre.

Rüdiger: Wenn du mich heute fragst, sage ich dir genau dasselbe.

Leonore: Einen Augenblick wurde ich irre. Dann aber dankte ich meinem Schöpfer dafür, daß wir beide hoch genug standen, um dem Leben, wie es in Wirklichkeit ist, so klar, so ruhig, so unerschrocken in die Augen zu blicken.

Rüdiger: Nun? Und?

Leonore[*rasch*]: Und jetzt . . .?! Und jetzt . . .?!

Rüdiger: Es gibt innerste Gedanken, die auch unter verheirateten Menschen nie zur offenen Aussprache kommen dürfen. Ist die Zusammengehörigkeit in Frage gestellt, dann stehen sie sich sofort wie Todfeinde gegenüber.

Leonore: Und jetzt?! – Rüdiger!

Effie: Von einem wohlerzogenen hübschen jungen Weltmann Liebenswürdigkeiten entgegennehmen, das kann schließlich auch eine Stallmagd. Unser weiblicher Stolz triumphiert doch erst im Verkehr mit Menschen, die wir nicht ausstehen können.

Rüdiger: Und mir verbieten mein Stolz und meine Ehre, dass sich um meinetwillen irgendjemand unglücklich fühlt. Mein Leben bedarf keiner Menschenopfer. Trennen wir uns doch nur! Dann hat das Heulen ein Ende.

Effie: Für mich kommen in der Welt überhaupt nur die wenigen Ausnahmemenschen in Betracht, denen das Unmögliche möglich wird.

Leonore: Das Unmögliche, Effie?! Unmöglich ist es, sich dem Mörder eines geliebten Menschen hinzugeben. Ich gab mich ihm hin. Unmöglich ist es, sich den Besitz eines Mannes durch Selbstvernichtung zu wahren. Ich bin dazu bereit. Aber sich für einen Mann von Grund aus vernichten, der einem vielleicht schon kaum mehr gehört, . . . ich bin ja wie mit allen Hunden gehetzt!

Ein Kellner (*rasch eintretend*): Je demande pardon. Il-y-a là bas un individu, qui prétent que monsieur sera menacé par la gendarmerie.

Leonore: Jetzt soll mich das Weltall unter sich begraben! (*Sie stürzt hinaus.*)

Der Kellner (*sieht sich fragend um. Da er keine Antwort erhält, verlässt er das Zimmer, indem er die Türe hinter sich schließt.*).

Fünfter Auftritt.

Effie (*nach einer Pause*): Sind Sie denn eigentlich wirklich von altem Adel?

Rüdiger: (*sitzt, den Kopf in die Hände gestützt, stöhnend an einem Tisch*): Ich bin völlig zerrüttet. Ich bin nur noch ein grauenhaftes Zerrbild von dem, was ich war.

Effie: In hundert Jahren wird es kein Mensch mehr begreiflich finden, wie man einer so harmlosen Schelmerei wegen solch einen Skandal machen kann.

Rüdiger: (*erhebt sich und rafft sich zusammen*): Meine Mutter war eine geborene Goldstaub aus Budapest.

Effie: Wieviel tausend Männer verheiraten sich nur aus dem jämmerlichen Grund, weil sie vor ihrer Sinnlichkeit endlich einmal Ruhe haben wollen. Den Ausnahmen, die stolz genug sind, ohne das allgemein gebräuchliche Beruhigungsmittel für ihre Sinnlichkeit einzustehen, denen sollte man deshalb doch, weiß Gott im Himmel, ihr Vergnügen können!

Rüdiger: Ich weiß nicht, wovon Sie sprechen.

Effie: Ich kenne ein uraltes Gebet. Das Gebet stammt aus der Zeit, als es noch mit lebenslänglicher Sklaverei bestraft wurde, wenn sich zwei darauf ertappen ließen, dass sie sich im Verborgenen liebten. Das Gebet endigt mit den Worten:

Du sollst nicht aus Schwäche lieben
Sondern in Kraft,
In Selbstgefühl!
Du sollst nicht im Dunkeln lieben
Sondern im Licht!
Wehe der Liebe,
Die vor den Blicken
Der Menge vergeht!
Denn wie deine Liebe,
So deine Kinder!
Wer aber im Dunkeln liebt,
Der lebt auch im Dunkeln!

Rüdiger: Wo haben Sie das gelesen?

Effie: Das Gebet beginnt mit den Worten

Ich, der ich... Ich bin . . .

Das freute mich immer am meisten daran!

Rüdiger: Wie heißt es weiter?

Effie:

Ich, der Verborgene,
Der dich ins Leben rief
Zu meiner Lust!

Steht denn wirklich die Lust, die ich mit vollen Händen
austeile, nicht höher, als die Lust, zu der man erst ein
feierliches Einverständnis nötig hat? Aber es geschehen
schon Zeichen und Wunder. Es sind große Dinge im
Werden. Ich kenne einen amerikanischen Volkstribun.
Der setzt sein Leben daran, den Verkehr zwischen Mann
und Weib von allem mittelalterlichen Folterwerk zu
erlösen.

Rüdiger: Ich weiß, wen Sie meinen. Ich kenne die bezaubernde Sprachgewalt seiner Schriftstellerei.

Effie: Ein Stockfisch als Liebhaber! – Aber meine Unersättlichkeit, meine Unverwüstlichkeit, die habe ich auch noch bei keiner meiner Schwestern gefunden! Ich bin mir in meinen eigenen Augen ein unerklärliches Naturwunder. Ein italienischer Rennstallbesitzer sagte zu mir: Du bist keine Stute, du bist eine Hengstin! In einer Mondscheinnacht im Kolosseum in Rom, da wurde mir klar, in welchen Zeiten ich eigentlich hätte leben müssen: entweder zur Zeit des Perikles in Athen, besser noch in Korinth, oder in Rom unter Commodus oder Caracalla.

Rüdiger: Sie sind so übermenschlich stolz auf Ihren Beruf, ich kenne keinen Diplomaten, der sich mehr auf seine Unverantwortlichkeit eingebildet hätte.

Effie: Unsere Preisgabe ist kein Beruf. Unsere Preisgabe ist Weltanschauung. Ich habe zwei Jahre darüber nachgedacht, bis es mir eines Morgens wie Schuppen von den Augen fiel. Es war auf einer einsamen Bergeshöhe in Oberösterreich. Ich erwartete mutterseelenallein den Aufgang der Sonne. Als die stahlblaue Wand von den ersten Funken durchzuckt wurde, sagte ich mir: Die Heirat ist eine Erniedrigung zum Vorteil der Kinder. Welchen höchsten Triumph sucht demnach das Weib, das keine Kinder bekommt? – Unsterblichen Ruhm! – Und was ist unsere höchste Begabung? – Sinnlichkeit!

Rüdiger: Sie könnten sich verrechnen. Erinnern Sie sich der Goetheschen Verse:

Der Mann bleibt bis zum Tod begehrenswert.
Das Weib verwelkt, bevor es zu Verstand kommt.

Effie: (*singt*):

Ich weiß ein allerliebstes Kind,
Ein Kind, wie selten Kinder sind,
Mit schwarzem Auge, schwarzem Haar,
An Wuchs und Haltung wunderbar!
's ist nicht zu groß und nicht zu klein,
's ist nicht zu dick und nicht zu fein,
Es singt und springt und tanzt und lacht,
Hat Manchen schon verrückt gemacht.

Und dann das andere Gedicht von Goethe:

(*sie singt und tanzt.*)
Sind die Muskeln straff gespannt,
Die Trikots auch gut imstand,
Dann beginn
Mitten drin,
Von vorn und hinten Königin!
Tanz, wie nie kein Weib getanzt,
Jeden Bocksprung, den du kannst!
Linkes Bein,
Flinkes Bein!
Das rechte muss noch flinker sein!

Wissen Sie vielleicht auch, von welchem Dichter das
Lied ist:

»Und die hübsche Kleine
Hatte schöne Beine,
Wirklich wunderbare,
Wahre Musterware!

Und vor allen Dingen
Konnte sie gut springen,
Sprang mit leichtem Bein
In mein Herz hinein!«

Rüdiger: Ihr Gesang ist entzückend! Ich warte auf Ihre Entgegnung.

Effie: Meine Entgegnung? – Die Menschheit kann sich nicht eher geistiger Freiheit rühmen, als bis die Umschlingung von Mann und Weib wieder vor allem Volk als Heiligtum verehrt und gefeiert wird.

Rüdiger: Halten Sie das für möglich?

Effie: Warum denn nicht? – Wenn es mit der Entsühnung unserer Preisgabe, mit der Veredelung des Freudenhandels so weiter geht wie bisher. Wissen Sie, dass im Mittelalter in einigen deutschen Städten die Freudenmädchen unter der Aufsicht des Henkers standen? Daran sieht man erst, wie die Welt fortschreitet.

Rüdiger: Weil sie ihren persönlichen Wert sinnlos verschleuderten, gehörten sie zum Gesindel!

Effie: Glauben Sie denn im Ernst an das Ammenmärchen, dass unsere Persönlichkeit durch den Kultus der Sinnlichkeit Schaden leidet?

Rüdiger: Verzeihen Sie, ich sprach nicht von mir. Ich glaube selbstverständlich nicht daran. Ich sehe ja an Ihnen, wie bewunderungswürdig Sie sich entwickelt haben.

Effie: Gedulden Sie sich nur. Ich bin immer noch Anfängerin. – Natürlich gibt es auch unter uns liederliche Weibsbilder, wie in jedem anderen Stand. Dafür gibt es bei uns aber auch genug kleinliche, engherzige Philisterseelen, die besser getan hätten, Gouvernanten zu werden und zeitlebens kleine Kinder spazieren zu führen. Unsere Abenteuer erfordern nämlich ebenso viel Verstand, wie Gelenkigkeit und

Gewandtheit. Vor vierzehn Tagen soupierte ich in Monte Carlo am gleichen Abend zur selben Zeit mit drei verschiedenen Herren in ein und demselben Hotel, ohne dass einer von ihnen die geringste Ahnung von der Anwesenheit der beiden anderen hatte. Das war Gemütsgymnastik! Mit Sekunden musste ich rechnen. Vorwände für mein Fortgehen und Warten lassen erfand ich, dass es in meinem Hirn wie in einer mechanischen Spinnerei surrte. Jeder der drei holte mich aus unserer Wohnung ab. Jeder bestellte ein anderes Souper von fünf Gängen, von denen ich keinen ungekostet abtragen ließ. Jeder hat mich übermannt und brachte mich im Auto in unsere Wohnung zurück. Es war ein Wirrwarr von Leckerbissen, Umarmungen, Korkenknallen, Wagenfahrten, Trinkgeldervergeuden . . . Die Kellner überblickten den ganzen Betrieb als vergnügte Zuschauer. Ich bin noch in keinem Hotel ehrerbietiger und mit feierlicheren Mienen bedient worden. Was mich das eine Anstrengung kostete, bis ich am nächsten Tage all die verschiedenen Ereignisse, Zwischenfälle und Überraschungen wieder in die richtigen Rubriken eingeordnet hatte, in die sie ihrer Herkunft nach gehörten! Ich spürte noch etwas Champagnerdunst im Hirn, sonst hätte ich der Vorsicht halber eine statistische Tabelle angefertigt.

Rüdiger (*hat seine volle Haltung wiedergewonnen*): Sie sind nicht nur ein unsterbliches Genie, Sie sind eine Heldennatur! – Waren Sie denn auf den Meisterstreich hin in Monte Carlo noch Ihres Lebens sicher?

Effie: Was kümmerte mich das! Aber stellen Sie sich das Ergebnis vor! Andern Tags gegen Abend gehen die drei Herren wie immer ins Kasino. Jeder von ihnen erzählt einem größeren Freundeskreis, den er sorglich um sich versammelt hat, dass er gestern um elf Uhr mit der berühmten Comtesse d'Armont oder dem Äffchen, wie sie mich nennen, im Hotel Méditerranée unter vier Augen soupiert hat. Die Herren, die den Erzählern am fernsten sind, hören alle drei Berichte zu gleicher Zeit. Eine ganze Weile ergötzen sie sich im stillen auf eigene Faust. Plötzlich bricht der ganze Kasinosaal in schallendes Gelächter aus. Meine drei Liebhaber hassen sich natürlich längst wie Kirchenväter. Zuerst sind sie wie vom Blitz getroffen. Plötzlich schreit es von drei Seiten: Sie Lügner! Sie Lügner! Sie Lügner! – Jeder fordert die anderen zwei auf Pistolen. Schließlich entsteht eine fürchterliche Prügelei. Darauf hatte ich gewartet. Als die blutigen Köpfe mit Eiswasser gekühlt werden, lasse ich mich vom Herzog von Eurasburg durch den Saal führen. Niemand erlaubt sich die leiseste Bemerkung über mich. Ich sagte mir: wie jämmerlich klein liegt die große Welt zu meinen Füßen.

Rüdiger (*an ihrer Seite*): In Ihren schwarzen Augen schimmert ein feuchter Glanz. Den sah ich noch bei keinem Weib so faszinierend.

Effie: Was heißt denn Fascinum?

Rüdiger: Wissen Sie das?

Effie: Das wussten wir schon in der Tanzstunde.

Rüdiger: Hol der Satan die Fremdwörter!

Effie (*nach seiner Hand tastend*): Du spürst die Faszination?

Rüdiger: Ich trage mich durchaus nicht zu Markt! Glauben Sie nur bitte nicht, dass ich billig bin!

Effie: Eine Nacht will ich dir schenken . . .

Rüdiger: Ganze Nächte hast du noch frei?

Effie: Eine einzige Nacht . . .

Rüdiger: Mit Kellnern möchte ich mich aber nicht um dich prügeln!

Effie: Nicht die heutige . . .

Rüdiger: Ich bin vollkommen Herr meiner Zeit.

Effie: Ich weiß noch nicht welche . . .

Rüdiger: Nach Belieben. Vorbereitungen habe ich nicht nötig. Aber in dieser Nacht werde ich dich so küssen, dass du mich zeitlebens nicht mehr vergisst!

(*Im unteren Stockwerk kracht ein Schuss.*)

Rüdiger (*zitternd vor Schreck*): Was war das?

Effie: Ein Revolver! – Was denn sonst?

Rüdiger: Da ist ein Unglück geschehen!

Effie: Warum denn?

Rüdiger: Das fragen Sie noch? (*Ab.*)

Effie (*allein*): Diese Empfindlichkeit! – Es geschieht nicht so leicht ein Unglück! – Und wenn eines geschieht! Es hat doch immer auch seine guten Folgen. Was die Menschen für eine Angst vor dem Unglück haben! Mit mir kann sich jeden Tag eine Katastrophe abspielen. Wann wäre ich vor glatter Ermordung sicher? In meinen Armen denkt auch der Zahmste einmal daran. Warum soll er das nicht? Ein Reiz mehr. – – Schicksal, wie danke ich dir, dass du mich gerade für diesen Lebenslauf so verschwenderisch, so über alle Maßen reich begabt hast! – Kein Ermatten! Kein Versagen! Keine Hemmungen! Keine Zwangsvorstellungen! Kein Katzenjammer!

Sechster Auftritt

Rüdiger führt Leonore herein, die in ein leichtes Nachtgewand gekleidet ist.

Effie (*mit gellem Aufschrei*): Mutter! (*Sie stürzt ihr entgegen.*) Barmherziger Himmel, wie du aussiehst!

Leonore: Effie? – Lebst du noch?

Rüdiger (*zitternd vor Besorgnis, bettet Leonore in einen weichen Sessel*): Fass dich, um Gottes willen! Leg dich zur Ruhe!

Leonore: Die Treppe bis hier herauf! Die Treppe. Das nahm kein Ende! Eine Mauer über der anderen Mauer!

Effie: Was war das? Was hat es gegeben?

Rüdiger: Erschossen hat er sich!

Effie (*neben ihrer Mutter kniend*): Erschossen? Sich selbst? In deiner Gegenwart?

Leonore: Du, Effie, hast mir den Gedanken eingepflanzt!

Rüdiger: Vergiss das! Du darfst acht Tage keine Menschenstimmen hören!

Effie: Oh Mutter, hätte ich jemals gedacht, dich in so jammervollem Elend zu sehen!

Leonore: Gott sei Dank, mein Kind! Du erkennst mich noch! Einen Mord hast du vollbracht! Einen grauenvollen Mord!

Effie: Ich hatte geprahlt, Mutter! Mit kindischen Hirngespinsten hatte ich großgetan!

Leonore: Ich wanke hinunter – jede Stufe, jeder Treppenabsatz eine unzerreißbare Wand. Schon zu Stein erstarrt, stammle ich unaufhörlich: Liebt das Weib einen Anderen, dann – dann kann es sich so verstellen, dass . . . Und so weiter . . . Dann kann es sich so verstellen, dass . . .

Effie: Hätte ich mir doch lieber die Zunge abgebissen, als dich, Mutter, in den furchtbaren Abgrund zu hetzen!

Rüdiger: Aber bis zur Verstellung kam es doch so Gott will nicht!

Leonore (*aufschreiend*): Wie er jetzt daliegt!

Rüdiger: Komm zur Besinnung! Du tötest dich, wenn du daran zurückdenkst.

Leonore: Wie er daliegt! Saht ihr das schon? Der Mund, weit auf, läuft von Blut über. Die Augen faustgroße Kieselsteine!

Rüdiger (*aufächzend*): Leonore!

Effie: Soll ich den Arzt rufen, Mutter? Soll ich dir etwas Stärkendes bringen?

Leonore: Meine Stirne an den Pfosten seiner verschlossenen Tür pressen! Eine letzte kurze Minute Besinnungsmöglichkeit! Wie kam es, dass ich das mit heiligster Gewissheit noch erhoffte?

Rüdiger (*sie angstvoll streichelnd*): Vorbei ist vorbei! Denk, wie du dich uns erhältst! Du siehst aus, als hättest du keinen Tropfen Blut mehr im Körper!

Leonore: Dafür ist deine Freiheit mit Blut erkauft! Sei stolz, Rüdiger! Stell dich gekrönten Häuptern zur Seite! Mit zwei Menschenleben ist deine Freiheit erkauft!

Rüdiger: Heiliger Gott, mit zweien!

Leonore: Rechnest du meines vielleicht für nichts? – Wie rasch du zusammenzuckst! Rechnest du mein Leben für gar nichts? Was bin ich noch? Nein, du hast nichts erlitten. Ich allein bin Abschaum, Auswurf! Du stehst fleckenlos da wie Gott!

Rüdiger: Martere mich nicht, Leonore! Was hat er getan? Sage mir, was vorging!

Leonore: Ich Kindskopf! Ich alberne Gans! Angelweit offen klafft seine Zimmertüre! Ich selber, als ich im Zimmer stand, ich drückte die Tür von innen zu, aus Angst, dass uns die Hausknechte von draußen zusehen!

Rüdiger: Sprich nicht weiter! Ich bitte dich, sprich nicht weiter!

Effie: Welcher Mann betritt je in solcher Verzweiflung das Zimmer einer Frau! Und das alles nur, weil wir Frauen unsere Macht nicht kennen!

Leonore: Kind! Kind! Bewahre uns Gott vor der Macht! Nie im Leben habe ich mich verstellt. Und nun da, wo immer nur reinste Offenheit waltete! Wo nie ein Hauch von Falschheit möglich war! Da sich verstellen!

Rüdiger: Sind wir noch Mann und Frau, Leonore, oder nicht! Ich beschwöre dich, komm zu Ende, damit ich weiß, was ich noch bin!

Leonore: »Wo bleibt deine Wollust?« schreie ich mir zu. Angewurzelt am Kamin höre ich zu jedem Kleidungsstück, das er fortwirft, sein gellendes Hohngelächter. Gassenhauer pfeift er zum offenen Fenster hinaus. Viehisch wird er, als wäre er im Stall. – Und dabei die Höllenangst, dass das Tier sich plötzlich auf mich stürzt. Ich natürlich schlage mit allen Gliedern auf ihn ein. An Verstellung nicht mehr zu denken! Du verloren! Ich verloren! Alles verloren! Da fliegen mir seine Beinkleider an die Stirn, und das Gold rollt mir über den Körper hinunter.

Rüdiger: Schandbar! Schandbar! Sag mir, kam es zu Tätlichkeiten?

Leonore: Wolken über Wolken türmen sich mir vor den Augen auf. Endlos gedehnte Qualen: Am Spiegel ist er festgewachsen, verstrickt sich absichtlich in seine Halsbinde, versucht drei Frisuren hintereinander. Grausame Schadenfreude! Teuflische Henkerskniffe! Hält mir seine Hemdknöpfe vor Augen, preist sie als Kunstwerke! Stellt sich gekränkt, weil ich die Knöpfe nicht ehrfurchtsvoll genug bewundere!

Effie: O Mutter, was hat uns beide in diese entsetzlichen Verhängnisse getrieben! Wenn ich an unser Heim in Hannover zurückdenke. Ließen wir uns von solchen Erlebnissen träumen!

Rüdiger: Nun, Leonore?

Leonore: »Jetzt oder nie!« schreie ich mir zu – »du bist im Tollhaus«, schreie ich mir zu. »Dort, wo die Nacktsüchtigen ihren Wahnsinn austoben! Meine Finger hängen voll Fetzen, so rasend reiße ich mir die Kleider vom Leib, bis ich da stehe – vierzehn Jahre ward ich von meinem Gatten nicht nackt gesehen, und stehe nackt vor dem Scheusal . . . Nein! Nicht vor ihm! Hinter ihm! Er sieht mich nicht, klebt noch an seinem Spiegelbild. Da packt mich Schamlosigkeit so übergewaltig an. . . Wie war das nur? Muskelspannung! Rieseln über die ganze Haut! Aufruhr in allen Gliedern! Nun noch ein letzter Aufwand: Ich zwinge mich zu lachen. Gott sei gedankt, es glückt! Ich lache – lache. . . (*Sie bricht in wildes Gelächter aus.*)

Effie: Komm mit mir, Mutter! Bei mir findest du Ruhe, Freude, Behagen!

Leonore (*lacht weiter*).

Rüdiger: Das ist entsetzenerregend! (*zu Leonore.*) Willst du mir nicht endlich sagen, was weiter geschah?

Leonore: Ruhe? Behagen? (*Lachend.*) Gib mir zu tun, Rüdiger! Laß mich das Erlebnis verwerten! Sonst bleibt dir nichts, als mich zu dem Ewignackten ins Tollhaus zu sperren.

Rüdiger (*im Begriff zu gehen*): Jetzt ist es aber höchste Zeit, einen Arzt zu rufen!

Leonore (*sich beruhigend*): Was wollt Ihr? Was entsetzt Ihr euch vor mir? Mein Lachen war die Rettung! – Rettung? – Nein! Mein Lachen war der Mord! Hinunter, hinauf, hinauf und hinunter, rollen seine Tigerblicke über meinen nackten Körper. Da war jeder Blutstropfen in mir ein Gedanke: Was kann eine kluge Mutter heutzutage von ihrem Kind lernen!

Rüdiger: Also doch! Natürlich! Leonore.

Leonore: Nein, Rüdiger! Tausendmal nein! Du bist unversehrt! Barmherziger Gott, soll denn all das Ausgestandene umsonst vergeudet sein? Lachend richte ich mich hoch vor ihm auf, laut lachend, dass meine Stimme sein Gelächter übertönt, und rufe: Dich will ich! Sei mein! Ich befehle, ich fordere! Ich schwur, dich zu genießen! Und ich setze meinen Willen durch! So! So! Vorwärts ohne Scham! Jetzt kannst du mich einmal so recht nach Herzenslust lieb haben!

Effie (*die Hände ringend*): Oh! Oh! Welcher Teufel gab dir die fürchterlichen Worte ein?

Leonore: Du, mein Kind! Welch anderer Teufel als du!

Rüdiger (*pocht sich mit den Fäusten gegen die Schläfen*): Werden diese Folterqualen denn ewig kein Ende nehmen?

Leonore: Hui, wie ihm da jählings die Frechheit aus den Augen wich! Und wie seine Rohheit schwand! Und wie die Siegestrunkenheit zerrann! Wie sein Lachen erst einen Augenblick trocken und klapprig wurde, eh es abbrach. Und dann . . .

Rüdiger: Eile dich, Leonore! Soll mich die Erzählung meiner Rettung um den Verstand bringen? (*Drohend.*) Oh, wenn er noch lebte . . .

Leonore: Dann – Allmächtiger, er, unser aller Verderben, wenn ich einen Atemzug lang nicht ausgelassen lache! (*Sich im Fessel aufrichtend, mit wildem Lachen.*) Aufgenötigt habe ich ihm meinen Leib! Nicht wie ich jetzt bin! Nein, du siehst, ich beeile mich! Meinen nackten Leib! Aufgezwungen habe ich ihm meinen Leib!

Effie: Komm zu dir, Mutter! Das anzuhören, erträgt kein Mensch!

Leonore (*plötzlich ernst*): Und dann – ich beeile mich – dann kam es dazu . . .

Rüdiger (*schreiend*): Leonore!

Leonore: Er, bei dem jeder Satz in schallendes Gelächter zerplatzt, an den eigenen Flüchen erstickt er. Weiß ist er wie Marmor, fletscht die Zähne, beißt sich in die Hände, schlägt sich die Fäuste ins Gesicht. Und ich? Da wälzt sich das Scheusal schon ganz verwirrt, unser aller Tod, wenn es den Betrug erkennt. Was ich da getan habe! Man soll mich in Stücke schlagen, soll die Stücke unter den Hammer werfen, soll mich zerstampfen, zerstampfen, zerstampfen! (Sie ist, die Hände vor dem Gesicht, in einen anderen Sessel gesunken.)

Effie (*gedämpft aber energisch zu Rüdiger*): Sie begehen ein unmenschliches Verbrechen, wenn Sie die Frau in diesem Augenblick noch quälen!

Rüdiger (*gedämpft*): Quälen nennen Sie das? Wäre es vielleicht liebevoller von mir, wenn ich gleichgültig zuhörte? – Das wäre ein schöner Dank für ihre Opfer!

Leonore (*unter strömenden Tränen*): Was tat ich denn Grässliches, dass ich zum Dank für das, was ich getan habe, alles verlieren soll? Sind wir alle hier denn irgendetwas mehr als nackt? Kein Faden am Leib ist mehr unser Eigentum! Nun? Geküsst habe ich ihn, weil ich sicher war, dass ihn darauf die Wut überwältigt und er mich unter seine Füße stampft. Aber da . . . (*plötzlich gefasst, ohne Tränen, abwechselnd Rüdiger und Effie anstarrend*) . . . da reißt er, als wollte er mich vor sich zu Boden schlagen, reißt beide Hände über den eigenen Kopf zurück, sieht mich lange mit weit aufgesperrten Augen drohend an, ob ich bleibe, ob ich zurückwanke – ich fühle schon das Brennen seiner Fäuste auf meinen Wangen – da – da zuckt etwas – da hat er sich von oben rückwärts in den Scheitel geschossen! (*Auf ihren Scheitel deutend.*) Da! Da hinein hat er sich geschossen! (*Zurücktaumelnd.*) Fällt mir gegen die Knie, dass ich bis zum Kamin zurücktaumle, und bleibt regungslos liegen. (*Pause.*)

Siebenter Auftritt.

Van Zeeter, der Direktor des Hotels, tritt rasch ein.

Van Zeeter: Es ist mir selbstverständlich maßlos peinlich. Ich muss die Herrschaften aber aufs allerentschiedenste bitten, jedes überflüssige Aufsehen zu vermeiden. Ich habe Ihnen gleich unser Privatautomobil zur Verfügung gestellt. Mehr kann ich nicht tun. Der Wagen wartet im zweiten Hof an der Hintertreppe. (*Er öffnet die Türe und ruft hinaus.*) Vite, vite, monsieur Duvoisin, finissons! Nous n'allons pas faire trop de tapage! (*Er lässt M. Duvoisin und zwei Gendarme eintreten. Auf Leonore zeigend.*) Voilà la dame en question!

Duvoisin (*zu Leonore*): Madame, je suis prefect de police de la commune d'Ouchy. C'est vous madame Wetterstein? N'est ce pas madame? – Madame, vous êtes arretée! Suivez moi!

Effie: Was heißt das?

Van Zeeter: (*zu Effie*): Die Todesstrafe wird in diesem Kanton überhaupt nicht mehr vollstreckt. Die Dame braucht sich also gar nicht übermäßig zu ängstigen. Machen Sie nur möglichst rasch, dass Sie hier hinauskommen. Wir haben heute Abend großes Smokingkonzert mit der Catalani aus Paris.

Effie: Schämen Sie sich! Sie wissen doch, dass ein Selbstmord vorliegt!

Van Zeeter: Verzeihen Sie, ich weiß gar nichts. (*Zu Duvoisin*) Eh bien, monsieur Duvoisin, fermons cette affaire! Après, nous allons vider là bas, nous deux, une bouteille d'Eugène Perré!

Duvoisin (*zu Leonore*): Madame, vous êtes obligée de me suivre à la prefecture de police. Sans retard s'il vous plaît! Depêchez vous, madame!

Rüdiger *(zu Leonore)*: Man muss dich ganz ohne Zweifel sofort wieder auf freien Fuß setzen.

Leonore: Ich – ich soll eingesperrt werden? – Rüdiger! Effie! Mir reißt es das Herz von den Rippen los! Ist das euer Werk? Hilf mir, Allmächtiger, auch über das Grässlichste der weiblichen Macht hinweg! Mir versagt die Sprache. Nein, Rüdiger! Mich aufzudrängen, so ruchlos es euch scheinen mag, mich aufzudrängen, so verarmt ich auch bin, dazu bin ich mir noch zu gut! Jetzt erst recht! Liebt euch! Liebt euch! Liebt euch! – Was ich opferte, ließ mir nichts zurück! Aber dazu bin ich noch zu gut! Mitleid fühlt auch der elendeste Mensch nicht mit mir. Ich verstümmelte mich zu schmachvoll. Keine Mutter, kein Kind fühlt Mitleid mit mir. Ein Weib, das mein Opfer brachte, ist kein Weib mehr. Entsetzen packt mich vor dem, was ich bin! Vielleicht haben spätere Menschen mildere Urteile. Aber mich aufdrängen? Nein. Dazu bin ich mir doch noch zu gut! Lasst mich frei! Ich gehe ins Gefängnis. *(Sie geht rasch ab.)*

Editorische Notiz

Am 30.Mai 1910 notiert Wedekind in sein Tagebuch „mit allen Hunden" korrigiert, kurze Zeit darauf erscheint die Familientragödie *Mit allen Hunden gehetzt* von Frank Wedekind im Georg Müller Verlag München.

Frank Wedekind gehört zweifelohne zu den wichtigen deutschen Dramatikern der Moderne. Doch der bahnbrechende Erfolg der Uraufführung (1906) von *Frühlings Erwachen. Eine Kindertragödie* am Deutschen Theater unter der Regie von Max Reinhardt ist für die Nachwirkung des Autors Fluch und Segen zugleich. Einerseits gehört der Autor mit diesem Drama zum Litertaturkanon und ist in vielen Lehrplänen der Schulen und auf ebenso vielen Spielplänen der Bühnen vertreten. Andererseits aber beengt es den Blick auf den vielfältigen Autor Wedekind.

„Die positiven Beurteilungen seiner Werke durch ein der modernen Literatur gegenüber aufgeschlossenes Theaterpublikum, durch die liberale literarische Kritik und durch Schriftstellerkollegen seiner Generation interessierten allerdings die staatliche Zensur wenig, zumal dieser auch durch die reaktionäre Kulturkritik konservativer Presseorgane applaudiert wurde: Wedekind blieb im Deutschen Kaiserreich der von der Zensur am meisten verfolgte Autor." (Vgl. http://www.frankwedekind-gesellschaft.de/index.php/forschung-und-projekte.html)

Wedekind drohte gar in Vergessenheit zu geraten, ehe seine Texte für die Bühne, aber auch in der Literaturwissenschaft in den 1960er-Jahren wiederendeckt wurden. Dieser Leseband will einen Beitrag dazu leisten auch die Facetten des späten Wedekinds zu beleuchten.

Worterklärungen

Orchestrion: mechanisches Musikinstrument

Ulanenregiment: preußisches, bewaffnetes Regiment

Hamurabi: eig. Hammurapi, war gemäß mittlerer
Chronologie von 1792 bis zu seinem Tode 1750 v. Chr.
der 6. König der ersten Dynastie von Babylonien .

Nonpareil: Liebesperlen

wetterwendisch: wankelmütig, unstet

Philisterseelen: unkritischer Geist, ohne Sinn für
Kultur, der ungeprüft die Massenmeinung vertritt

Fascinum: wörtl. Behexung, gemeint ist ein erigiertes
Glied

Übersetzungen

Ein Kellner (rasch eintretend): Je demande pardon. Il-y-a là bas un individu, qui prétent que monsieur sera menacé par la gendarmerie.	Ein Kellner (rasch eintretend): Ich bitte um Vergebung. Es gibt dort ein Individuum [einen Menschen], das/der postuliert, dass der Herr von der Polizei bedroht werden wird.
v. Zeterer (Er öffnet die Türe und ruft hinaus.) Vite, vite, monsieur Duvoisin, finissons! Nous n'allons pas faire trop de tapage! (Er lässt M. Duvoisin und zwei Gendarme eintreten. Auf Leonore zeigend.) Voilà la dame en question!	v. Zeterer (Er öffnet die Türe und ruft hinaus.) Schnell, schnell, Herr Duvoisin, lassen Sie uns fertig werden! Wir werden nicht zu viel Krach/Radau machen! Hier ist die besagte Dame!
Duvoisin (zu Leonore): Madame, je suis prefect de police de la commune d'Ouchy. C'est vous madame Wetterstein? N'est ce pas madame? – Madame, vous êtes arretée! Suivez moi!	Duvoisin (zu Leonore): Madame, ich bin Polizeipräfekt der Gemeinde Ouchy. Sie sind Madame Wetterstein? Nicht wahr Madame? – Madame, Sie sind verhaftet! Folgen Sie mir!
Van Zeeter: Verzeihen Sie, ich weiß gar nichts. (Zu Duvoisin) Eh bien, monsieur Duvoisin, fermons cette affaire! Après, nous allons vider là bas, nous deux, une bouteille d'Eugène Perré!	Van Zeeter: Verzeihen Sie, ich weiß gar nichts. (Zu Duvoisin) Nun gut, Monsieur Duvoisin. Lassen Sie uns diese Sache beenden! Danach werden wir [dort] eine Flasche d'Eugène Perré leeren!

Duvoisin (zu Leonore): Madame, vous êtes obligée de me suivre à la prefecture de police. Sans retard s'il vous plaît! Depêchez vous, madame!	Duvoisin (zu Leonore): Madame, Sie sind verpflichtet mir in die Polizeipräfektur zu folgen. Unverzüglich [Ohne Verzögerung], bitte! Beeilen Sie sich, Madame!

Vita

1864, 24. Juli: Frank (Benjamin Franklin) Wedekind wird als Sohn des Arztes Friedrich Wilhelm Wedekind und dessen Ehefrau Emilie (geb. Kammerer) in Hannover geboren.

1884: Abitur und erste Veröffentlichungen. Er studiert deutsche und französische Literatur in Frankreich und wechselt dann auf Wunsch des Vaters zum Jurastudium nach München.

1885: Er verfasst Gedichte, Prosa und eine Komödie.

1886: Mangelhafte Studienleistungen. Beginn als Texter für Maggi.

1888: Tod des Vaters.

1891: Fertigstellung des Dramas „Frühlings Erwachen. Eine Kindertragödie".

1895: „Der Erdgeist. Tragödie in vier Aufzügen".

1897: Geburt des Sohnes Friedrich Strindberg-Wedekind.

1899: sechs Monate Festungshaft auf der Festung Königstein (Satire auf Wilhelm II. im Simplicissimus).

1901: Geburt des Sohnes Frank Zellner-Wedekind, aus einer Affäre mit Hildegard Zellner (Hausmädchen).

1902ff: Tätigkeit als Schauspieler und Kabarettist.

1904: Eine Veröffentlichung Wedekinds im Verlag Bruno Cassirer wird wegen Unzüchtigkeit beschlagnahmt. Es folgen weitere Zensuren.

1906: „Frühlingserwachen" wird zum Publikumserfolg.

1907ff: Es folgen weitere Uraufführungen.

1912 Erster Wedekind-Zyklus an Reinhardts Deutschem Theater in Berlin.

1914: Zweiter Wedekind-Zyklus am Deutschen Theater.

1918, 9. März: Frank Wedekind stirbt in München. Zu seiner Beerdigung erscheinen u.a. Thomas und Heinrich Mann, sowie Bertolt Brecht.

Schriften

Kinder und Narren, Drama (1890; EA: 1891. Späterer Titel: Die junge Welt)

Frühlings Erwachen, Drama (1891; UA: 1906

Der Liebestrank, Drama (1891; EA: 1899. Späterer Titel:
Fritz Schwigerling)

Erdgeist, Drama (1895)

Die Fürstin Russalka, Gedichte, Erzählungen,
Pantomimen (1897)

Der Kammersänger, Drama (1897; EA: 1899)

Der Marquis von Keith, Drama (1901)

Der Tantenmörder, Moritat (1902)

So ist das Leben, Drama (1902; späterer Titel: König
Nicolo oder So ist das Leben)

Mine-Haha, Romanfragment (1903)

Die Büchse der Pandora, Drama (1902)

Hidalla oder Sein und Haben, Drama (1904; späterer
Titel: Karl Hetmann, der Zwergriese)

Totentanz, Drama (1905; späterer Titel: Tod und Teufel)

Die vier Jahreszeiten, Gedichte (1905)

Musik, Drama (1907)

Die Zensur, Drama (1907/1908)

Oaha, Drama (1908; späterer Titel: Till Eulenspiegel)

Der Stein der Weisen, Einakter (1909)

Franziska, Drama (1911)

Simson oder Scham und Eifersucht, dramatisches Gedicht (1913)

Lulu, Drama, Zusammenfassung von Erdgeist und Die Büchse der Pandora (1913)

Bismarck, Drama (1914/15)

Überfürchtenichts, Drama (1915/1916)

Herakles, dramatisches Gedicht (1916/1917)

Lautenlieder (posthum 1920)

Forschung

Elke Austermühl, Hartmut Vinçon: Frank Wedekinds Dramen. In: Hans Joachim Piechotta, Ralph Rainer Wuthenow, Sabine Rothemann (Hrsg.): Die literarische Moderne in Europa. 2. Bd. Westdeutscher Verlag, Opladen 1994. S. 304–321.

Elke Austermühl: Frank Wedekind (1864–1918). In: Alo Allkemper, Norbert Otto Eke (Hrsg.): Deutsche Dramatiker des 20. Jahrhunderts. Erich Schmidt, Berlin 2000. S. 63–79.

Reto Caluori: Frank Wedekind. In: Andreas Kotte (Hrsg.): Theaterlexikon der Schweiz. Band 3, Chronos, Zürich 2005. S. 2056 f.

Jürgen Friedmann: Frank Wedekinds Dramen nach 1900. Akad. Vl. Heinz, Stuttgart 1975.

Franz Norbert Mennemeier: Frank Wedekind. In: Walter Hinck (Hrsg.): Handbuch des deutschen Dramas. Bagel, Düsseldorf 1980. S. 360–373.

Günter Seehaus: Frank Wedekind. 8. Aufl. (1. Aufl. 1974) Rowohlt, Reinbek 2008.

Hans-Jochen Irmer: Der Theaterdichter Frank Wedekind. 2. Aufl. Henschel, Berlin 1979.

Friedrich Rothe: Frank Wedekinds Dramen. Metzler, Stuttgart 1968.

Hartmut Vinçon: Frank Wedekind. Metzler, Stuttgart 1987.

Von Niklas Discher erschienen:

„unterwegs sein" Lyrik vom Barock bis in die jüngste Gegenwart. Zentralabitur NRW. GK/ LK. BoD-Verlag. ISBN: 9783746076621

wissenschaftliche Arbeiten:

Hofmannsthal. Ein Brief. Sprachskepsis-Sprachkrise-Sprachnot. GRIN-Verlag.

Schule in den Buddenbrooks. Ein bildungsgeschicht-licher Abriß. GRIN-Verlag.

Arbeiten für die Schule:

Zum 110. Geburtstag von Mascha Kaléko. Ihre wichtigsten Gedichte interpretiert. GRIN-Verlag.

Von Niklas Discher in Vorbereitung:

Niklas Discher: Wie analysiert man ein Gedicht? Deutsch Oberstufe. (in Vorbereitung, voraustl. 04/2018)

Niklas Discher: Prüfungstraining / Übungsklausuren „unterwegs sein" Zentralabitur NRW. GK/ LK. (in Vorbereitung, voraustl. 06/2018)

Niklas Discher: „unterwegs sein". Ergänzungsband für den Leistungskurs. (in Vorbereitung, voraustl. Sommer 2018)

Rechtschreibtraining. Band I. Sekundarstufe I.

Der Herausgeber: Niklas Discher, Studium Germanistik/ Historik in Wuppertal.